EXPOSÉ

DE NOTRE ANTIQUE ET SEULE LÉGALE

CONSTITUTION FRANÇAISE,

D'APRÈS NOS LOIX FONDAMENTALES;

PAR LE COMTE D'ANTRAIGUES,
Député de la Noblesse du Bas-Vivarais
aux Etats-Généraux de 1789 :

*EN RÉPONSE AUX OBSERVATIONS
DE M. DE MONTLOSIER, Député de
la Noblesse d'Auvergne aux mêmes Etats-
Généraux, sur l'Adresse du Comte
d'Antraigues à l'Ordre de la Noblesse
Française.*

L'Ordre de la Noblesse, considérant que, dans le moment actuel, il est de son devoir de se rallier à la Constitution, et de donner l'exemple de la fermeté comme il a donné la preuve de son désintéressement, déclare que la Délibération par Ordre, et la faculté d'empêcher, qui appartient divisément à chacun d'eux, sont constitutives de la Monarchie, et qu'il professera constamment ces principes conservateurs du Trône et de la Liberté.

Décret de l'Ordre de la Noblesse, du 28 Mai 1789. Procès-verbal de la Chambre, pag. 72.

A PARIS,

Chez SENNEVILLE, Libraire au Palais-Royal, N°. 214.

1792.

AVERTISSEMENT.

Convaincu qu'il est inutile de parler le dernier pour avoir raison, voilà l'unique fois que je répondrai, aux observations ou critiques que l'on fera de mes Ecrits. J'aurois gardé le silence en cette occasion, si je n'eusse cru que mes opinions pouvoient être mieux développées. J'aurois gardé le plus invincible silence, sur-tout, si ce que j'ai dit n'eût été que mon système : mais en cette circonstance, j'ai cru devoir prouver que mes opinions étoient le résultat de nos Loix ; que la Constitution que je réclame, étoit celle que la Nation a faite ; et qu'il n'y a de moi, dans tous mes Ecrits à ce sujet, que mon attachement pour cette excellente

A 2

Constitution , et la résolution inébran-
lable où je suis, de ne jamais obéir
qu'à elle.

J'ai dû exposer beaucoup de faits,
par la raison que je ne faisois pas de
système ; et que, bien loin de vouloir
être le législateur de ma Patrie , je ne
suis que le Sujet soumis de la Constitution nationale que nous donnèrent nos
Pères. Pour prouver l'existence de cette
Constitution , il falloit des faits : pour
pour prouver qu'elle seule étoit légitime,
il falloit la suivre depuis sa naissance.

Je sais que cette excellente Constitution est gênante pour les Despotes , pour
les Ambitieux , pour les Innovateurs ,
pour tous les Ordres de l'Etat qui voudroient dominer l'Empire , et non se
contenter de la place qu'ils y occupent.
Mais toutes ces gênes sont une nouvelle
preuve de sa sagesse ; car c'est en ré-

primant toutes les ambitions particulières , qu'une Constitution fait le bonheur général.

Je sais que la lecture de ces sortes de discussions n'est pas fort amusante ; et que dans ce siècle, où la Philosophie a établi le mépris de l'Antiquité, de ses loix et de ses usages , c'est un tort à ses yeux , que de s'honorer du profond respect qu'on lui porte. Mais les Philósophes doivent savoir que c'est aussi un attrait invincible , que l'espoir de déplaire à ceux pour qui on auroit de la haine , si l'on n'avoit encore plus de mépris.

Enfin , j'ai cru ce dernier Ecrit nécessaire pour prouver la justice de la cause qui réunit tous les vrais François auprès des deux augustes Princes frères du Roi. J'ai cru utile de prouver à tous les Français et aux Nations étrangères, que c'est uniquement pour que la force reste à la Loi, que nous appellons à notre aide tous les Rois de l'Europe, et que nous invoquons le Dieu des Armées.

Le Cte. D'Antraigues.

Ce 15 Mars 1792.

RÉPONSE

DE M. LE Cte. D'ANTRAIGUES,

A M. DE MONTLOSIER.

M. DE MONTLOSIER a honoré de quelques observations, *mon Adresse à l'Ordre de la Noblesse Française*. Je dois y répondre, sans doute, pour donner plus de développement aux vérités que j'y ai exposées, et par une juste suite des égards que je dois à M. de Montlosier.

Il me seroit pénible qu'il me fût du nombre de ces malveillans qui l'accusent, dit-il dans son avertissement, d'avoir abandonné la cause de la Religion, du Trône et de la Noblesse. On m'apprendroit vainement un pareil fait ; je ne le croirois pas. Ce n'est pas après le combat, que l'on flétrit soi-même les lauriers qu'on y a mérités ; et M. de Montlosier sera toujours, aux yeux des hommes justes, ce que ses Collègues l'ont vû être dans l'Assemblée se disant *Nationale*.

Mais après y avoir défendu les droits qui lui étoient confiés, il a manifesté ses opinions particulières sur les moyens de rétablir en France l'Empire des Loix. Je séparerai donc les opinions, de la personne ; et, en les combattant, je m'honorerai de ne paroître, un moment, l'adversaire de M. de Montlosier, qu'après avoir hautement publié mon estime pour sa conduite, et mon respect pour les principes qu'il a défendus dans l'Assemblée nationale.

J'aurai répondu à l'écrit de M. de Montlosier, si je prouve que nous avons dans les Loix que nous ont données nos Etats-généraux, une Constitution vraiment nationale ; qu'elle seule étant légale, aucune autre, quelle qu'elle soit, ne peut être établie en France, que par les Etats-Généraux et la libre sanction du Roi ; et que tout ce qui remplaceroit cette antique Constitution, seroit illégal, l'ouvrage de la force ; qu'on ne pourroit exiger l'obéissance de la Nation, qu'en vertu de la force même, et que ce seroit par conséquent, l'œuvre des Tyrans.

M. de Montlosier s'exprime ainsi dans le premier paragraphe de son écrit, pag. 5.
« M. le Comte d'Antraigues vient de faire
» imprimer un ouvrage intitulé : *Adresse à*

» *l'Ordre de la Noblesse française.* Dans
» cet ouvrage, il s'attache à prouver que la
» forme des États-généraux est la seule cons-
» titutionnelle ; et il cherche, autant qu'il
» lui est possible, à ranger autour de ce sys-
» tême, toutes les opinions et tous les esprits.
» Il eût été à désirer, peut-être, qu'il eût
» bien voulu négliger quelques détails his-
» toriques, sur lesquels il y auroit bien
» aussi quelques observations à faire, pour
» nous dire plus nettement, et surtout avec
» plus de développement, son opinion sur
» ce point. Je n'entrerai pas ici dans l'exa-
» men des motifs qui ont pu l'engager à
» ne pas s'expliquer avec plus d'étendue ».

Si je ne me suis pas expliqué, avec plus
d'étendue, dans cet écrit, sur ce qu'est notre
antique Constitution, c'est que je l'avois
déjà fait dans tous ceux que j'ai publiés ;
et si, dans tous mes écrits réunis, on trouve
que je n'en ai pas encore assez dit, la raison
en est simple : c'est que je n'en sais pas
davantage. Quant à dire plus nettement
mon opinion, et à la mieux développer, il
seroit injuste de m'imputer, de n'avoir pas
exprimé plus clairement mes opinions ; car,
très-sûrement, je ne veux pas les dissimuler ;
mais le talent n'est pas toujours égal au

zèle. J'ai fait suivant mes forces, tout ce que j'ai pu pour développer mes sentimens. Je vais encore y revenir ; et si , cette fois, je ne suis pas plus heureux, au moins n'aura-t-on aucun reproche à me faire.

J'ai dit dans *l'Adresse à la Noblesse*, ainsi que dans tous mes autres écrits , que les Etats-Généraux en France , divisés en trois Ordres , opinant séparément , ayant chacun la faculté de consentir et celle d'empêcher , étoient la seule Réprésentation nationale constutionelle, et que le résultat des Loix politiques que les Etats-Généraux avoient demandées , et que le Roi avoit sanctionnées , formoit la seule Constitution légale et nationale.

On me demande maintenant , quelle est cette Constitution , et la forme de nos Assemblées législatives ; si ce sont les Champs-de-Mars, les Plaids de la seconde Race, les Parlemens de la troisième, ou les Etats-Généraux , qui constituent la Représentation nationale en France ?

M. de Montlosier , dit à ce sujet, avec grande raison , pag. 6, que ceux qui demandent la Constitution de Clovis , telle qu'elle existe depuis quatorze-cents ans , n'ont aucune idée de ce qu'ils veulent. Mais puisqu'il veut lui-même reprendre notre Constitution dès son berceau , et la suivre depuis sa naissance jusqu'à nos derniers Etats-Généraux , je trouve qu'il a tort quand il dit dans son ouvrage , *sur les moyens d'opérer la contre-révolution* , pag. 33 , qu'il se dispensera de l'aller chercher dans la Loi salique , les Diplomes de Clovis , les Capitulaires , et les Procès-verbaux des Etats-Généraux ; parce qu'en effet , ce n'est que là , et non ailleurs , que l'on trouve son histoire , depuis son existence sous Clovis , jusqu'en 1614 ; et , si l'on veut nous apprendre l'Histoire de notre Constitution , sans étudier les élémens qui ont servi à la former , je ne sais plus comment on peut s'y prendre. Le talent , l'esprit , le génie même , en ces sortes de matières , ne peuvent suppléer aux documens de l'Histoire ; car enfin , le génie ne peut suppléer à la connoissance des faits ; et ce n'est que par l'histoire des faits , que l'on peut apprendre à une Nation , ce qu'elle étoit dès son origine , et ce que des Lois subséquentes , revêtues de son consentement , la font être encore aujourd'hui.

Sans doute , il est inutile aux Anglais de savoir toute la suite des variations qu'a éprouvé leur Constitution : mais enfin , s'ils vouloient l'apprendre , ceux qui chercheroient à les en

instruire, pourroient-ils y parvenir, en dé-
clarant qu'ils ne veulent pas aller chercher
cette Constitution dans les Conseils généraux de cette Nation, avant la grande Chartre;
qu'ils ne veulent pas suivre les variations
de la grande Chartre dans le treizième siècle,
ni la poursuivre à travers les orages suscités
par les maisons d'York et de Lancastre?
J'avoue que les Anglais qui, s'en tenant
aux derniers résultats des dernières Assemblées du Parlement, regardent comme constitutionnel tout ce que le dernier Parlement a laissé, et tout ce qu'il a établi, se
conduisent fort sagement, et savent de leur
Constitution, tout ce qui leur est nécessaire
pour jouir de ses bienfaits. Mais enfin, la
source de cette Constitution sera toujours,
ainsi que celle de la nôtre, dans ces siècles
reculés dont les monumens subsistans, malgré les ravages du tems, forment ce que l'on
appelle les Archives d'une Nation. Ainsi,
l'étude des anciens documens n'est pas utile
pour savoir quelle est précisément la Constitution actuelle d'un Pays; mais elle est de
nécessité pour ceux qui veulent en suivre
toutes les variations. Elle l'est ici pour répondre à ces questions : » Voulez-vous en
» France les Champs-de-Mars, les Plaids de

» Charlemagne , ou les Parlemens de la » troisième Race » ? Elle est utile pour répondre avec connoissance de cause , que l'on ne veut absolument rien de tout cela , parce que rien de tout cela ne forme notre Constitution nationale ; et qu'il est aussi peu raisonable de nous présenter les Parlemens de la troisième Race de nos Rois , pour une Constitution , qu'il le seroit d'offrir aux Anglais la Chambre étoilée d'Henri VIII, pour une Constitution légale: C'est à prouver ces assertions , que je vais m'appliquer.

Posons d'abord quelques principes généraux , et nous en rapprocherons ensuite les faits.

Les Nations éprouvent tous les âges de l'existence politique , comme les individus , tous les périodes de la vie. Ainsi que dans les individus, on apperçoit , dès les premiers âges d'une Nation , des traits qui forment le caractère national, que le passage des siècles ne peut détruire ; et c'est ce qui fait souvent qu'une Constitution utile à un Peuple , seroit odieuse à un autre, parce qu'elle répugneroit à son caractère national. De telle sorte que la meilleure des Constitutions pour un Peuple est certainement celle qu'il a reçue de ses Ancêtres , et que ses Pères ont successivement accrûe et modifiée suivant les circonstances ; parce que cette Constitution, ouvrage de la Nation elle-même, conserve, malgré ses divers changemens, avec le caractère national, cette similitude qui la fait être la Constitution d'un tel peuple, et non celle d'un autre. Or, une Nation, suivant ses différens périodes politiques, altère la Constitution politique qu'elle reçut de ses Aïeux ; elle la modifie, l'accroît, la restreint, la développe, mais en suivant, pour opérer ces changemens, les formes légales et constitutionnelles qu'elle s'est primitivement imposées. C'est la conservation rigoureuse de ces formes constitutives, qui est la sauve-garde de son existence politique ; c'est par ces formes seules, que la Loi s'est rendue invincible, et que les Nations ont trouvé le moyen de distinguer toujours l'œuvre du Tyran, de l'œuvre des Loix. Ainsi la Constitution d'un siècle peut être fort différente de la Constitution d'un autre siècle chez la même Nation ; cela peut être au point, que ce seroit un crime national, de vouloir rendre à un Pays dans un siècle, la Constitution qu'il avoit dans un autre ; mais il n'en est pas moins vrai, que la Constitution des siècles antérieurs fut la vraie Constitution de la Nation ; et que c'est par les formes constitutives qu'elle avoit établies, qu'ont été successivement opérés tous les changemens qui forment, plusieurs siècles après, une Constitution différente.

Il suit de-là, qu'il n'est pas de l'essence d'une Constitution nationale, d'être immuable ; et que ce seroit même une fort mauvaise Constitution, que celle qui présenteroit cette rigide immutabilité. Mais il est de l'essence d'une bonne Constitution, de forcer tous les Ordres d'une Nation, à ne changer la Constitution nationale que par des formes légales ; de telle sorte que, pour changer un ordre de choses établi par la Constitution, il faille suivre les formes établies par la Constitution même, pour y opérer un changement. Si la Nation Anglaise vouloit aujourd'hui adopter la Constitution de la Suède, elle le pourroit sans doute ; mais elle ne le pourroit légalement, que lorsque les deux Chambres du Parlement, réunies au Roi, auroient créé la Constitution nouvelle, avec toutes les formes prescrites par la Constitution ancienne pour la formation des Loix.

Les formes prescrites par les Constitutions nationales, pour les changemens à opérer dans les Constitutions, sont les liens indissolubles qui attachent la Constitution de tous les siècles à une même souche, et en forment un tout. C'est en les suivant, qu'on se ressaisit du premier vœu national, et qu'on forme, pour ainsi dire, la généalogie constitutionnelle d'un Peuple ; celle qui unit la Constitution dont on est le contemporain, à celle des premiers âges ; non par sa ressemblance absolue, mais par sa succession légale.

D'après ces principes, je soutiens que la Nation Française, depuis le premier instant où elle est connue dans l'histoire des Nations, a eu une Constitution nationale, successivement perfectionnée par elle-même, suivant les formes prescrites par sa Constitution ; qu'elle a subi, comme toutes les Nations, tous les malheurs que causent l'ignorance, la férocité et la tyrannie ; mais que tous ces désastres, en suspendant momentanément l'action de sa Constitution, ne l'ont jamais anéantie ; que l'obstacle qui en arrêtoit l'activité, étant éloigné, aussitôt la Constitution nationale a reparu ; que c'est ainsi qu'elle a résisté à l'anarchie de la première Race, aux usurpations de la seconde, aux Tyrans féodaux de la troisième ; et qu'enfin, après avoir franchi les règnes du Despotisme, c'est encore elle que Louis XVI a voulu nous rendre.

Le plus ancien monument de nos premières Loix est certainement le Code de la Loi Salique, publié en 421, avant même l'établissement de la Monarchie, corrigé par Clovis, revisé de nouveau

nouveau et publié en l'état où il nous est parvenu, par Dagobert. Or, dans le préambule même de la Loi, nous voyons qu'elle fut rédigée par quatre Chefs élus dans une Assemblée de la Nation, et que, dans trois Assemblées successives de la Nation, ces Loix furent discutées et enfin approuvées (1). En saisissant ce premier trait positif et caractéristique, et l'unissant aux premières notions que Tacite nous a donné des mœurs et usages de nos Pères, nous voyons, à dater de ces époques, l'existence primitive de nos Assemblées nationales et de notre Constitution. Dès-lors se retrouvent la plûpart même de nos usages nationaux, altérés par la suite des siècles, défigurés par l'abus de la puissance ; mais le type primitif de notre Constitution repose à côté du berceau même de la Nation.

Dès cette époque en effet, nous appercevons deux grandes institutions nationales : l'une est l'existence de la Noblesse ; l'autre, celle du Patronage, devenu ensuite la Vassalité, par la tradition des terres en fiefs.

Sans entrer dans les discussions de MM. du Bos, Boulainvilliers, Valois et Montesquieu,

______

(1) Dissertation d'Heinsius, *de Lege Salica*, 3. Silloge, pag. 247, 267.

B

il est certain , par tous leurs témoignages réunis, que, dès l'existence de nos premiers Rois, il existoit aussi parmi les Francs deux Ordres de Citoyens : que cette distinction fût héréditaire , ou personnelle, c'est ce qu'il est difficile d'établir ; mais elle existoit, et la preuve en est complette dans les Loix mêmes de ce siècle (1), qui évaluoient les amendes imposées pour les injures faites aux différens Ordres de personnes qui composoient l'ensemble de la Nation. L'existence des Vassaux n'y est pas moins clairement expliquée ; et ce qu'il y eut de singulier , ainsi que l'observe Montesquieu (2), c'est que les Vassaux existèrent en France , avant même l'existence des fiefs. Les Vassaux étoient des Citoyens, qui s'attachoient à des Chefs pour en être guidés , protégés et défendus ; qui en recevoient des bienfaits , et qui s'attachoient à eux parce qu'ils avoient reçu ces bienfaits. Or, la tradition des terres en fiefs ne pouvoit s'établir que lorsque nos Pères eurent des terres à donner. Mais déjà, dans les forêts de la Germanie , nos Aïeux avoient établi le vasselage sans fiefs ; ou plutôt

----

(1) Loi Salique , tit. 44, 66 , 74. Loi des Ripuaires , tit. 2.

(2) Montesquieu , liv. 30, ch. IV. Tacite, *de Moribus German.*

les fiefs étoient des chevaux de bataille, des armes. De ces simples et modestes gages, naquit parmi nous la vassalité, avant la tradition des terres en fiefs. Ainsi les devoirs de protection et d'attachement mutuel, les obligations réciproques, nées des dons et des services, étoient déjà gravés dans les cœurs, avant que l'établissement des fiefs les eût, pour ainsi dire, attachés à la terre.

Une autre chose fort essentielle encore à observer parmi les restes de nos antiques Loix, que les siècles ont respectées, c'est que, dès les premiers âges de la Monarchie, le Clergé eut deux avantages que personne ne lui disputoit, et que nos Loix lui ont toujours conservés : celui d'être, par sa prééminence, le premier Ordre de l'Etat, et celui d'y être propriétaire (1). La prééminence de l'Ordre du Clergé est d'autant plus marquée, que jusqu'au septième siècle, les Romains, qui formoient le peuple vaincu, étoient seuls admis dans le Clergé (2). Ainsi nos Pères, plus sûrement guidés par les simples lumières d'une raison sauvage, que leurs Descendans par les sophismes d'une philosophie corrup-

---

(1) Loi des Ripuaires, tit. 7, 11, 36, tome iv, p. 237.
(2) Fleury, *troisième discours.*

B 2

trice, placèrent dans le premier état des Citoyens, ceux que leur ministère approchoit des autels de la Divinité, pour incorporer par tous les moyens possibles, la Religion sainte qu'ils professoient, à leurs institutions politiques.

Dans les premiers monumens de notre existence, nous trouvons donc les élémens de notre Constitution nationale, modifiée dans la suite des siècles, mais toujours d'après des formes constitutionnelles et légales, et en conservant soigneusement tous les élémens de la Constitution. Ainsi existoient avec Clovis, et ses premiers successeurs, la *Royauté*, le *Clergé*, la *Noblesse*, et *le dernier Ordre des Francs*, qui, bien que formant le plus grand nombre, n'étoit qu'une partie du tout dans l'ensemble politique; de telle sorte que tous nos actes législatifs de cette époque, n'appellent la *Nation*, que la réunion des trois Ordres qui la composent encore aujord'hui : le *Clergé*, la *Noblesse*, et le *Peuple* (1).

____

(1) Clotaire II nous apprend quels étoient les droits de l'Assemblée de la Nation, par ces seuls mots : *On convoque l'Assemblée de la Nation*, pour tout ce qui concerne sa sûreté. *Tout doit y être examiné et réglé*

Ces principes et ces faits exposés, et se fortifiant mutuellement, je dis qu'il est hors de toute espèce de doute, que nos derniers Etats-Généraux de 1614, sont l'unique et dernier résultat constitutionnel et légal, de toutes nos institutions nationales, successivement modifiées par les Assemblées de la Nation ; c'est-à-dire, que par une succession non interrompue et toujours constitutionnelle, à nos Assemblées des Champs-de-Mars et de May de nos premiers âges, succèderent les Plaids de la seconde Race, et enfin les Etats-Généraux de la trosième ; et que ces Etats-Généraux se modifiant encore eux-mêmes, avec la sanction du Roi, nous ont laissé enfin pour dernier résultat

---

par l'Assemblée. Aimoin, de Gest. Franc., liv. IV, c. I. Grégoire de Tours, liv. 1, c. 2.

Clotaire III, en 622, nous apprend quelle étoit alors la composition de nos Assemblées nationales, en s'exprimant ainsi : *Clotaire III*, assisté des Evêques, des Grands et du Consentement du Peuple, *ordonne* etc.

De ces deux textes réunis, il résulte une connoissance complette de notre Constitution nationale, à ces premières époques. Clotaire III nous apprend quelle étoit la composition de nos Assemblées nationales, et Clotaire II nous instruit de leurs droits.

B 3

légal, pour seule et unique Constitution, pour seul et unique moyen de retoucher, altérer ou modifier notre Constitution nationale, les Loix et les formes antérieures à ces mêmes Etats, qui n'y ont pas été révoquées, et celles qu'ils ont fait eux-mêmes et que le Roi a sanctionnées. Voilà l'état de la question.

Mais ce qui fait que cette question si simple, s'embrouille sans cesse, c'est que nos Assemblées nationales, souvent réunies sous nos premiers Rois et sous Charlemagne, furent à-peu-près oubliées sous ses Successeurs; que dès-lors la violence et l'usurpation établirent un ordre de choses qui n'étoit plus la Constitution, mais qui en étoit la violation la plus manisfeste; que cet ordre de choses intermédiaire, qui avoit tout altéré, tout détruit, n'a cessé de tyranniser la Nation et son Roi; que lorsque la Constitution française nous a été rendue en 1303; et depuis lors, elle a successivement, dans les diverses tenues d'Etats-généraux, pris la forme sous laquelle la Nation énonça son vœu dans les Etats-Généraux de 1614; c'est à prouver cette assertion que je dois m'appliquer.

Il est difficile de saisir les variations arrivées dans notre Constitution politique, si l'on n'a bien compris une grande vérité qui n'a échappé à aucun de nos bons Historiens, et que le génie de Montesquieu a développé en peu de mots, mais avec une grande clarté.

Notre Monarchie a eu des âges différens. Elle fut d'abord une Monarchie politique; elle devint une Monarchie féodale ; elle sortit enfin de ses liens pour redevenir ce que la Constitution nationale l'avoit faite.

Je l'appelle Monarchie politique, lorsque le Roi, chef suprême de l'Empire, en vertu de notre Constitution, et par cela même, partie première et intégrante de la Constitution, sanctionnoit librement, et promulguoit ensuite les Loix qu'il avoit consenties dans les Champs-de-Mars, ou dans les Plaids de la seconde Race, où les trois Ordres de la Nation étoient réunis.

Lorsque, dans l'anarchie qui désola la France sous les successeurs de Charlemagne, la Nation eût cessé de s'assembler ; lorsque quelques possesseurs de fiefs, les ayant obtenus à vie, et bientôt héréditairement, eurent asservi la Nation, et qu'il n'y eut plus enfin dans l'Empire, que des maîtres et des esclaves, alors le Roi, maîtrisé lui-même par cette multitude de

Tyrans, cessa d'être revêtu de la puissance de ses Aïeux : bientôt aussi cette Race infortunée cessa même de porter la Couronne ; et le titre de Roi, onéreux et inutile sans la puissance, devint l'apanage du fief le plus considérable de la Nation. Ce fut à ce titre, que Hugues-Capet l'obtint ; et, dès-lors, le Roi eut une sorte d'autorité, non parce qu'il étoit Roi, mais parce que, possédant le plus grand fief, il réunissoit à sa force personnelle le titre de Roi, qui le plaçoit à la tête du Corps féodal. Ce fut alors que la Monarchie politique cessa d'exister, et que commença la Monarchie féodale.

En effet, dès la première Race de nos Rois, nous voyons dans la Nation, *un Roi, un Etat du Clergé, un Etat de la Noblesse, et un Peuple libre.* Vainement voudroit-on nier qu'il existât alors un peuple libre ; les témoignages de cette vérité sont trop frappans (1). On appelloit hommes libres, ceux qui n'avoient aucun Bénéfice ou Fief, dit Montesquieu, et qui n'étoient pas soumis à la servi-

____

(1) Après la conquête, les Francs laissèrent même au peuple vaincu, tous ses droits politiques et civils ; ainsi un peuple vainqueur qui respectoit la liberté d'un peuple soumis, étoit loin de souffrir dans son sein l'esclavage politique. Montesq. liv. 30, chap. 2.

tude. Il se fonde, pour établir cette vérité, sur les Capitulaires eux - mêmes ; et, pour le faire remarquer ici en passant, afin de réfuter, dès son origine, l'opinion de M. de Montlosier qui croit que les droits politiques de l'Ordre de la Noblesse n'étoient que les prérogatives attachées à ses fiefs, je dirai que, dans ce tems-là même, ce n'étoit pas le Fief qui constatoit l'état de l'homme Noble ; mais c'étoit parce qu'un homme étoit Noble, qu'il obtenoit des Fiefs qui, sous la première Race, ne se donnoient qu'à des Nobles. Et cela est si vrai, que bientôt, sous Charlemagne et Louis son fils, on voit les hommes libres, admis à se *recommander* pour obtenir ces fiefs ; que ce grand changement s'opéra, pour admettre des hommes libres dans l'Ordre de la Noblesse ; de telle sorte qu'ils ne jouissoient pas des droits de la Noblesse, comme simples possesseurs de fiefs, mais qu'ils étoient faits Nobles, pour pouvoir jouir des fiefs accordés à la Noblesse. Et cette qualité *de Noble* étoit si peu attachée au fief, que celui qui avoit obtenu un fief, et qui, pour l'obtenir, avoit été fait Noble, pouvoit perdre son fief, puisqu'alors la plûpart étoient amovibles, mais non sa qualité de *Noble*, qu'il avoit obtenue en devenant habile à posséder un fief.

Mais déjà la multitude des guerres intestines, occasionnées par les divers partages du
Royaume entre les enfans de nos Rois, faisoit
succéder aux droits politiques le fléau du droit
de la guerre ; et comme, dans ces guerres, on
usoit de ce droit à la rigueur, on asservissoit
les hommes libres qui étoient vaincus. Les
guerres se multipliant sans cesse, déjà on
voyoit arriver le moment où, le terrible droit
de la guerre étouffant tous les droits politiques, la Nation ne présenteroit plus qu'un
assemblage de maîtres et d'esclaves.

Le génie de Charlemagne retarda cette époque funeste. Ce grand homme, non-seulement
respecta tous les droits de la Nation, mais il
l'obligea à les exercer sans cesse. De-là ces
Assemblées nationales si multipliées sous son
Règne, et ces nombreux Capitulaires qui n'é-
toient que les vœux de la Nation, revêtus de
la sanction du Roi. C'est lui-même qui nous
l'apprend (1).

Dès cette époque, nous pouvons connoître
avec plus de certitude, non-seulement les
droits de ces Assemblées nationales, mais aussi
leur Constitution, leur police, leur forme (2).

____

(1) *Capitul.* an. 864, tit. 36, art. 6.

(2) Hincmar, *de Ordine Palatii*, nous apprend que
les Chefs de la Nation, présidés par le Roi, délibéroient

Savoir si elles étoient ce que furent les Champs-de-Mars, ou si elles se constituèrent elles-mêmes différemment, est une chose impossible, puisque nous n'avons pas les Procès-Verbaux des Assemblées de la Nation sous la première Race.

Mais lorsque, dans une antiquité aussi reculée, nous appercevons un ordre politique établi sans aucune réclamation, et continuellement observé, on en conclut avec certitude, ou que cette institution est une suite de l'ordre déjà établi, ou que les innovations ont été légalement consenties. Or, les Plaids qui succédèrent aux Champs-de-Mars, étoient certainement les mêmes Assemblées nationales, puisque les mêmes élémens les formoient. Hincmar nous apprend que déjà étoit établie la séparation des trois Ordres ; et le fils de Charlemagne nous instruit (1), que l'accord des deux premiers, le consentement du troisième, et la sanction du Roi, formoient seuls la Loi.

Nous arrivons maintenant à un ordre de choses qui, dans notre Histoire, forme un

---

sur la Loi que proposoit le Prince. Le Clergé délibéroit à part, et se réunissoit ensuite à la Noblesse, pour rédiger la Loi. Alors le Roi la portoit au Peuple, et demandoit son consentement.

(1) *Capitul. Triburiensis*, an. 822.

épisode de trois siècles, pendant lesquels, non-seulement il n'existoit plus en France de Constitution nationale en vigueur, mais où, au contraire, chaque acte de l'administration politique étoit une violation de la Constitution.

Sous la fin de la seconde Race, s'opéra ce grand changement qui, sur les ruines du Gouvernement politique et de la Constitution nationale, devoit élever la Monarchie féodale et l'autorité de quelques usurpateurs.

La foiblesse incroyable des derniers Rois de la race de Charlemagne, et la cessation des Assemblées nationales, permirent aux possesseurs des grands fiefs, de s'arroger une autorité que jamais ils n'avoient reçue de la Loi. Les Fiefs devenus héréditaires, du consentement de la Nation, servirent au maintien de cette autorité usurpée (1).

____

(1) Les fiefs furent d'abord amovibles ; puis à vie ; bientôt les Rois les rendirent héréditaires, et la Nation elle-même y consentit : car sous Pepin et Charlemagne, époques où les Assemblées nationales étoient très-fréquentes, elles ne réclamèrent point contre cet établissement. Aussi n'est-ce pas l'hérédité des fiefs, qui fut une usurpation, mais l'Autorité souveraine, que les possesseurs de fiefs s'arrogèrent ; et celle de représenter à eux seuls tous les Ordres de l'Etat. Voilà ce qui fut la plus inique des tyrannies.

Pour les fiefs donnés à vie, voyez *Conventus apud An-*

On vit alors quelques individus puissans, se réunir pour s'arroger violemment la puissance la plus tyrannique sur le Roi et sur tous les Ordres de l'Etat. Par une suite des guerres intestines et des droits de conquête, rigoureusement exercés par les vainqueurs, il se trouvoit dans la Nation une prodigieuse quantité de serfs. Les hommes libres qui n'étoient pas encore asservis, ne trouvant plus d'abri dans une Constitution anéantie, et dans un Roi qui avoit péri avec elle, cherchèrent une Puissance qui les protégeât ; et ils ne la trouvèrent que dans la puissance féodale. Alors les Citoyens restés libres, mais sans appui,

---

delaum, 587. *Feudorum*, liv. 1, tit 1. Ducange, gloss. voc. *beneficium*. Grégoire de Tours, liv. 9. Edit de Clotaire, 615, art. 6.

Pour les fiefs devenus héréditaires : Formules de Marculfe, 14 et 17 du liv. 1. Capitulaires de Charlemagne, an 801, art. 17. Constitution de Lothaire, Code des Lombards, liv. 3, tit. 1, chap. 44. Capitulaires de l'Assemblée de Soissons, an 853, chap. 3 et 5. Capitulaires d'Attigny, 854.

Enfin, pour connoître parfaitement l'institution des fiefs, voyez le Traité des fiefs, de *Gerardus Niger* et *Aubertus de Orto* ; quoiqu'écrits pour une Nation étrangère, et s'occupant spécialement des fiefs de cette Nation, ces Ouvrages donnent les idées les plus précises, et les notions les plus sûres, sur l'établissement de tous les fiefs en général.

s'asservirent à des Seigneurs assez puissans pour les protéger. Ils soumirent à cette autorité féodale les terres mêmes qu'ils possédoient (1) ; et tous les citoyens enfin cherchèrent, ainsi que le dit Montesquieu, à s'incorporer à la Monarchie féodale, parce que la Monarchie politique n'existoit plus (2).

---

(1) Ducange, *Alodis*. Gallerat, Traité du franc-alleu.

(2) Il faut bien se garder de confondre les usurpations politiques des possesseurs des grands fiefs, avec le régime féodal adopté par nos Loix, et incorporé à notre Droit civil. La puissance politique que s'arrogèrent les possesseurs des grands fiefs, fut une usurpation criminelle, et une tyrannie. Mais le régime féodal adopté par nos loix civiles, qui permet les accensemens des fonds, moyennant des redevances annuelles, qui fixent des droits pour la vente de ces fonds ainsi accensés, qui établit enfin la police des fiefs, et la jurisdiction subalterne qui leur est annexée, est une institution sage, qu'il faudroit créer, si elle n'existoit pas. Les propriétés de ce genre sont sacrées ; et une Assemblée de Conspirateurs et de Brigands, aussi ignorans que cupides, pouvoit seule y attenter, et détruire, par là même, les propriétés du Peuple ; car, détruire le contrat en vertu duquel un grand Propriétaire de fonds morcelle sa propriété irrévocablement et à perpétuité, pour en faire celle de l'Agriculteur, en le chargeant d'une redevance fixe, c'est obliger tous les propriétaires à conserver leurs fonds, dussent-ils rester incultes. Ainsi cette Loi inique, plus absurde encore qu'elle n'est inique, détruiroit l'agricul-

Ces Rois si foibles cessèrent bientôt de porter le sceptre ; et Hugues-Capet s'en trouva saisi, et par le choix qu'on fit de lui, et par la convenance que l'on trouva à remettre la Couronne au plus puissant Seigneur de fief, qui existât dans l'Empire.

Depuis cette époque jusqu'au commencement du quatorzième siècle, subsiste en France, non pas une Constitution légale, mais une tyrannie continue, sans exemple, sans raison et sans principes, dont tous nos Rois cherchèrent à nous délivrer, et dont ils ne purent triompher, qu'en nous rendant notre antique Constitution. A la vérité, les Rois, depuis Hugues-Capet jusqu'à Philippe-le-Bel qui nous rendit nos Assemblées nationales, songèrent bien plus, en détruisant la tyrannie qui les opprimoit, à accroître leur puissance, qu'à rétablir nos droits constitutionnels : mais c'est une nouvelle preuve de l'excellence de notre Constitution. Ne pouvant placer des Dieux sur le Trône, notre Constitution fait servir les passions des hommes au salut de l'Empire. Les Rois, pour recouvrer leur autorité, furent forcés de relever celle de tous les Ordres de

______

ture, en enlevant au peuple agricole, l'unique moyen d'avoir une propriété, quand il n'a, pour l'acquérir, que son industrie et son travail.

l'Etat ; et tous les Ordres de l'Etat, remis à leur place, ne trouvèrent d'autre moyen pour s'y maintenir, que de se réunir autour du Monarque, que notre Constitution a fait le régulateur suprême et le conservateur de nos Loix.

L'Histoire de ces trois siècles, depuis Hugues-Capet jusqu'à Philippe-le-Bel, devient maintenant de la plus haute importance à approfondir ; parce qu'aujourd'hui, c'est ce qui se pratiquoit alors, que l'on nous propose d'établir ; et que, pour former en France une Chambre de Pairs, on va en chercher l'existence dans ce qui existoit à cette époque ; tandis que ce qui existoit à cette époque, étoit la destruction la plus complette et la plus inique de notre Constitution nationale et de tous nos droits politiques.

Depuis 987 jusqu'en 1303, il n'y eut en France aucune Assemblée nationale. Le peuple étoit asservi. Ainsi, l'une des parties intégrantes de la Constitution n'existant pas, il ne pouvoit exister de Constitution. Ce qui la remplaça, fut ces *Parlemens* dont M. de Montlosier croit pouvoir nous proposer le rétablissement (pag. 36 *des moyens d'opérer la contre-révolution*). Ce sont en effet ces Parlemens de Seigneurs qui, seuls en France, réunirent

à

à la puissance législative la haute puissance judiciaire (1). Ce fut alors seulement, que l'on connut les Pairs *dans l'ordre politique*; c'est-à-dire, des Seigneurs qui, presqu'égaux à Hugues - Capet qu'ils reconnoissoient pour Roi, se reconnoissoient *Pairs* entr'eux, et *Pairs* du Roi lui - même. Ce fut encore à ces Seigneurs que succédèrent les Gens de Loi; et les Gens de Loi ont ensuite formé les Parlemens, tels qu'ils existent aujourd'hui, et tels que les ont modifiés les Rois et nos Etats-Généraux, en 1483 et 1576.

Je dis donc que les Parlemens des onze, douze et treizième siècles, étoient un repaire de Tyrans; également Tyrans des Rois, du Clergé, de la Noblesse et du Peuple; sans pouvoirs, comme sans mission; exerçant tyranniquement une autorité tyranniquement usurpée. A cet égard, je n'invoque pas un témoignage isolé, mais celui de tous nos Historiens, quelles qu'ayent été d'ailleurs leurs opinions. Je dis donc, d'après leurs témoignages unanimes, qu'alors les possesseurs des grands fiefs relevant directement de la Cou-

____

(1) Louis VII fut le premier qui donna à ces Assemblées, le nom de Parlemens. Voyez Blackston, tome 1, chap. 2.

C

ronne, se réunirent pour asservir *le Roi*, *le Clergé*, *la Noblesse et le Peuple*.

Le Roi, puisqu'ils s'arrogèrent tous les droits de Souveraineté dans leurs fiefs ; *le Clergé*, puisque les Evêques-Pairs, c'est-à-dire, feudataires du Roi seul, stipulèrent sans mission pour leur Ordre entier ; *la Noblesse*, puisque de simples individus Nobles, devenus puissans par l'étendue de leurs domaines, s'arrogèrent le droit de se reconnoître euxseuls comme *Pairs* ou égaux, tandis que la Constitution nationale les rendoit les *Pairs* de tous les Nobles du Royaume, et que tous les Nobles étoient leurs *Pairs*. Quant au Peuple, il étoit asservi ; et si complettement asservi, que, pendant 3oo ans, il n'eut pour défenseur que le Roi seul ; que jamais il n'obtint, pendant tout ce tems, aucune Représentation nationale ; et que les Rois seuls, avec une persévérance incroyable, parvinrent enfin, après trois siècles de servitude, à lui rendre son existence constitutionnelle et légale.

Nul doute que les Parlemens féodaux de ces trois siècles, ne réunissent ceux qui s'appelloient alors, *les Pairs du Royaume*, et qui l'étoient en effet, puisqu'ils avoient tout détruit ensemble, et tout asservi. Ils étoient les Pairs de France, comme les Trente Tyrans, qui maîtrisoient l'Empire Romain, sous les règnes de Galérien et Valérien, étoient Pairs entr'eux.

Ils eurent la haute puissance judiciaire. J'en conviens ; car ils eurent toutes les sortes de puissances. Les Usurpateurs, ordinairement, les envahissent toutes, et cette plénitude de pouvoirs, ne prouve que la plénitude de leur tyrannie.

Ce fut alors, et je dois le dire en passant, que l'institution de la Chevalerie conserva l'esprit de notre Constitution, au milieu de ses ruines. Cette institution singulière maintenoit tous les sentimens élevés que la tyrannie devoit éteindre. Elle rétablissoit l'égalité d'honneur et de courage, quand l'égalité politique des Ordres étoit détruite. Elle maintenoit le sentiment de l'antique liberté, quand le souvenir même de notre Constitution sembloit anéantie. Le seul instinct de l'honneur servit alors de politique à la Noblesse Française. Ne pouvant maintenir la Constitution de ses Pères, elle la garantit de sa ruine totale, en conservant toute l'énergie de ses Aïeux, par une institution unique sur la Terre, qui perpétuoit la noblesse des sentimens, alors que les droits politiques de l'Ordre de la Noblesse n'existoient plus.

J'ai dit que les Parlemens des onze, douze et treizième siècles, étoient illégaux et tyranniques ; qu'ils avoient détruit la Constitution nationale, et qu'ils étoient inhabiles à la suppléer Il me reste à le prouver par le résultat des Loix des Parlemens de ces siècles.

Jamais, dans aucun de ces Parlemens, il ne fut question des intérêts de la Nation. Ceux qui les composoient, s'étoient partagés ses dépouilles ; et leurs délibérations n'eurent jamais pour objet, que les intérêts des Seigneurs qui les composoient.

Le Parlement des Seigneurs, de 1204, à Villeneuve-le-Roi, stipula uniquement sur la police des fiefs. Celui de Melun, en 1216, sur la succession du Comte de Champagne, Celui de 1230, contre les prétentions des Ducs de Bretagne. Celui de 1235, sur les plaintes des Barons entr'eux : enfin, la preuve la plus complette, que jamais ces Usurpateurs ne se crurent revêtus d'une autorité légale sur l'universalité du Royaume, dont ils s'étoient emparés, c'est qu'ils déclarèrent eux-mêmes, que leurs Loix n'obligeroient que les Seigneurs qui les auroient souscrites. Cela fut décidé au Parlement de Paris, en 1223, au sujet d'une police à établir pour les Juifs.

Ainsi , proposer à l'Ordre de la Noblesse Française , de former de pareils Parlemens , ce seroit lui proposer une usurpation de tous les droits nationaux ; ce seroit le ramener à l'époque où quelques individus détruisirent la Constitution nationale ; ce seroit aussi lui proposer ce qui arriva alors , sa ruine totale et absolue , pour procurer à quelques-uns de ses Membres , une grande existence , et une élévation tyrannique.

Je crois bien que ce n'est pas cela que veut M. de Montlosier ; le défenseur de la liberté , ne veut pas en devenir le fléau : et par les modifications que met M. de Montlosier , à cet établissement , par l'introduction temporaire des Représentans du Peuple , dans ces Parlemens , je vois bien qu'il ne veut pas les Parlemens du treizième siècle ; cependant , il les désigne nommément. C'est qu'il desireroit , en France , une Constitution semblable à la Constitution Anglaise ; et que sentant néamoins son illégalité pour nous qui en avons une toute différente , il voudroit attacher la Constitution Anglaise , à quelque époque de notre Histoire ; or , j'ai voulu prouver que cette époque là , n'étoit que celle de nos malheurs , et de la tyrannie qui avoit détruit notre Constitution nationale ;

et que les partisans des *Pairs*, en 1792, leur donnent une bien honteuse origine, en la plaçant à côté de nos Tyrans des onze, douze et treizième siècles, qui n'étoient Pairs ou égaux, qu'en usurpation et en tyrannie.

Les travaux de nos Rois, jusqu'à Philippe-le-Bel, n'eurent pour objet, que de détruire cette effrayante tyrannie, et de rendre au Peuple Français sa liberté, pour recouvrer eux-mêmes l'autorité royale. C'est ce qu'ils firent en affranchissant les Communes de leurs Domaines. Par-là, ils formèrent un nouveau Tiers-Etat ; c'est-à-dire, qu'ils donnèrent au Peuple, à titre de concession, ce que la Constitution lui avoit donné dans les premiers âges de la Monarchie, *une influence politique, et la liberté.*

Ce fut un des plus sages bienfaits de nos Rois, que ces affranchissemens partiels des personnes, à titre de concession. Ils firent dès-lors, tout le bien qu'ils pouvoient faire, et avec les seuls moyens qui pouvoient en assurer le succès. S'ils eussent affranchi leurs Communes, en vertu de la Constitution, ils auroient soulevé aussi-tôt les Pairs ou Tyrans, de ce tems-là, contre ce bienfait ; et la résistance eût été unanime. Ils rendirent la liberté aux Français, à titre de grace, pour en mieux assurer l'existence ; et bientôt le besoin d'argent engageant les Pairs à vendre ce que nos Rois avoient donné, il y eut en France, un Peuple redevenu libre ; et aussi-tôt reparut la Constitution nationale. Le besoin d'argent et d'appui força Philippe-le-Bel, à rendre à la France sa Constitution nationale : et les Etats-généraux furent convoqués.

Les Etats-généraux de 1303, furent assurément le retour de la Constitution, et de la même Constitution qui avoit été celle de la France, sous Charlemagne. M. de Montlosier fait donc une confusion d'époques, en confondant les droits politiques de l'Ordre de la Noblesse des treize et quatorzième siècles. La Noblesse, dans le treizième siècle, étoit, ainsi que le Roi, le Clergé et le Peuple, asservie sous l'autorité des Feudataires de la Couronne, qui, tyranniquement, sous le nom de *Parlement des Pairs*, s'étoient arrogés, 1°. le droit de représenter les trois Ordres de la Nation ; 2° la haute puissance judiciaire. Dans le quatorzième siècle, la Constitution Française reparut ; les Etats furent assemblés ; les trois Ordres furent rémis en possession de leurs prérogatives, et cette possession fut si réelle, que, bientôt, ils firent disparoître dans chaque Ordre, tout ce qui n'y étoit pas constitutionnel.

La puissance judiciaire fut dévolue aux Parlémens qui, dès-lors, commencèrent à prendre une forme légale, et que bientôt les Etats-généraux unirent à la Constitution.

Ainsi le treizième siècle fut le tombeau de notre liberté ; et le quatorzième, l'époque de sa résurrection.

Quand j'ai dit que bientôt tous les Ordres de l'Etat se dégagèrent de tout ce qui étoit inconstitntionnel, c'est qu'il est certain que, dans les Etats-généraux du quatorzième siècle, on voyoit encore des restes de la tyrannie des Pairs, dans la représentation de l'Ordre de la Noblesse. Il paroît en effet que dans ces Etats-généraux, les grands possesseurs de fiefs s'arrogèrent le droit d'y siéger personnellement. Cet abus dura peu. Déjà depuis quelque tems, les Rois avoient permis la vente des fiefs nobles, ou non nobles (1), et ils avoient exercé le droit d'an-

---

(1) Voyez les Loix sur les francs-fiefs, de saint Louis, de Philippe-le-Hardi et de Philippe-le Bel. Le premier anoblissement, sous la troisième race, fut fait par Philippe-le-Hardi, en 1272.

noblir leurs sujets. Ces deux bienfaits nationaux devoient délivrer l'Ordre de la Noblesse, de la tyrannie des Pairs des onze, douze, et treizième siècles (1).

Ce fut aussi ce qui arriva, puisque, dans les Etats-Généraux du quinzième siècle, l'Ordre de la Noblesse fut représenté aux Etats-Généraux, par des Représentans élus dans l'Ordre de la Noblesse, réunie dans les Baillages et les Sénéchaussées.

Mais, avant cette époque, les trois Ordres de la Nation avoient rétabli plusieurs Loix fondamentales dans la Constitution. Les Etats-Généraux de 1355 (Ordonnance du 28 décembre 1355, de mars, 1356) déclarèrent Loi fondamentale du Royaume la séparation des Ordres, leur droit de consentir, et celui d'empêcher. La preuve complette que le Peuple avoit dès-lors recouvré sa liberté, est que le Tiers-Etat lui-même vôta l'établissement de cette Loi qu'il a réclamée si souvent depuis (en 1565, Ordonnance d'Orléans, art. 135 ;

____

(1) Alors se reproduisit encore cette grande vérité, que les droits politiques de l'Ordre de la Noblesse étoient attachés à l'Ordre entier, et non aux fiefs, puisque le Roturier qui achetoit un fief noble, restoit toujours roturier ; et que le Noble qui vendoit son fief, restoit toujours Noble.

en 1576, en 1588 ; Procès-Verbal de ces deux Assemblées) ; qu'il n'y eût encore beaucoup de Seigneurs de fiefs dans les représentans de l'Ordre de la Noblesse, cela n'est pas douteux. On pouvoit les élire, et on devoit même les élire de préférence, comme étant les plus intéressés à défendre les droits politiques et les propriétés de la Noblesse ; mais, qu'ils fussent seuls susceptibles d'être élus, est une erreur manifeste, que réfutent tous les monumens de ce siècle. Les lettres de convocation sont les Loix en cette matière. Or, ces lettres de convocation appellent aux Assemblées électives des députés, tous les Nobles sans exception. La seule distinction qu'avoient conservée les Seigneurs de fiefs, c'étoit d'être assignés en personne, pour se trouver aux Assemblées électives ; tandis que les Nobles y étoient tous appellés par une proclamation générale. Telle étoit la Loi universelle du Royaume, à laquelle on n'a jamais opposé que trois exceptions locales, qui ont eu lieu à Auxerre, à Troyes, et à Paris, avec plusieurs modifications particulières à chaque Pays. Ainsi, dès le quatorzième siècle, l'Ordre de la Noblesse se ressaisit de toutes ses prérogatives constitutionnelles ; et en cela, il fut imité par tous les Ordres de l'Empire.

Dès-lors, la France posséda son antique Constitution ; non parfaite, non telle qu'elle doit être, pour devenir la meilleure possible ; mais la plus convenable à son caractère national, à ses institutions politiques, et au maintien de sa Religion (1). Elle eut enfin un

____

(1) C'est a dessein, que j'ai dit, *au maintien de sa Religion*, parce qu'il est hors de doute, que les Philo-sophes réunis aux Conjurés de l'Assemblée nationale, ont voulu, en détruisant l'influence politique de l'Ordre du Clergé, détruire la Religion Catholique en France, comme je l'ai démontré dans ma *Dénonciation aux François Catholiques*. La Religion Catholique est indépendante de toute puissance humaine, dans ses dogmes et sa discipline. Fondée par Dieu même, elle reçut de lui, et au moment de sa fondation, sa perfection, tous les moyens de la maintenir, et la plenitude de puissance qui lui étoit nécessaire. Pour conserver la pureté de cette Religion sainte, il faut que, dans sa partie spirituelle, elle soit continuellement garantie de l'atteinte des autorités humaines. L'Ordre du Clergé étant une partie intégrante des États-Généraux, le droit de défendre la Religion lui est spécialement confié ; et c'est là, sur-tout, que la faculté d'empêcher arrête, dès leur principe, les atteintes portées à la puissance spirituelle. Une p institution est nécessaire pour la conservation de la Religion Catholique. C'est ce que les Philosophes n'ignoroient pas ; et c'est aussi ce qu'ils ont voulu détruire. En Angleterre, le Roi est le chef suprême de l'Eglise ; ainsi cette Religion de l'Etat, n'a besoin pour sa défense, que

moyen légal qui supplée à tout ; celui de faire connoître son vœu, de changer ses Loix, d'abroger les anciennes, et d'en établir de

---

des autorités civiles. Mais, avant Henri VIII, le Clergé Catholique avoit ses Assemblées législatives, sous le nom de *Convocation*. Elles défendoient la partie spirituelle et indépendante, de la Religion Catholique. Ces Assemblées ont cessé avec la Religion qu'elles défendoient : le nom et le souvenir, voilà tout ce qui s'en est conservé. La même chose arriveroit en France, avec une Chambre des Pairs. Les Pairs Ecclésiastiques y seroient en moindre nombre que les Pairs Laïcs : ainsi, dans cette Chambre, leurs vœux seroient annullés, et la Religion resteroit sans défenseurs. Elle en auroit encore moins dans les Communes. Bientôt on attaqueroit l'essence même de la Religion. On conviendroit hautement, ainsi que l'Assemblée nationale, qu'on n'a pas le droit de lui donner des Loix ; mais on décideroit aussi, que tels ou tels établissemens n'attaquent pas ses Loix. Chaque jour ameneroit une hérésie nouvelle et d'interminables schismes. On doit ajouter, que les spoliateurs de nos Eglises veulent conserver le fruit de leurs vols ; que les complices de ces Brigands, *ces hommes exécrables*, dit M. Burke, *qui n'ont pas frémi de porter leur offrande à l'enchère des biens de leurs paisibles et innocens concitoyens*, veulent les garder. Voilà pourquoi ces gens-là veulent une Représentation nationale, où l'Ordre du Clergé soit anéanti. Si ces réflexions s'étoient présentées à M. de Montlosier, je suis bien sûr qu'il n'auroit pas proposé une Chambre des Pairs.

nouvelles, suivant des formes constitutionnelles et légales.

C'est ce qu'elle a fait dans chaque tenue
d'Etats-Généraux : on la voit établir la liberté
des personnes, en 1354, 1355, 1356 ; l'autorité des mandats impératifs, en 1382, et dans
tous les États suivans ; la succession héréditaire de la Couronne, de mâle en mâle, en
1328 ; l'inaliénabilité des Domaines du Roi, et
l'indivisibilité de la Monarchie, en 1468 ; l'inamovibilité des charges de Magistrature, en
1483 ; et son droit de consentir l'impôt, dans
tous les Etats-Généraux, depuis 1303 jusqu'en
1614. Elle constitua aussi, dans sa partie politique, l'existence de nos Parlemens, de ces
grandes Magistratures qui devoient influer de
deux manières dans l'Empire ; par l'exercice
du pouvoir judiciaire, et par celui d'une partie
de la puissance nationale.

Les Parlemens étant devenus aujourd'hui
un objet de haîne, et leur rétablissement étant
cependant d'une absolue nécessité, il faut
s'occuper un instant de leur existence, montrer les liens qui les attachent à la Constitution :
liens qu'il n'est pas au pouvoir du Roi, de
rompre ; et qui ne peuvent être légitimement
brisés, que par les Etats-Généraux du Royaume
et la libre sanction du Roi.

Lorsque les Etats de 1303 parurent, et que l'Empire eut recouvré sa Constitution, les Parlemens de la troisième Race qui, jusqu'à cette époque, avoient usurpé tous les pouvoirs, les perdirent tous ; mais les Rois conservèrent le nom de ces Parlemens, et rendirent *Cours-de-Justice*, ces mêmes Assemblées où déjà étoient admis les Clercs ou Magistrats, non par usurpation, mais par nécessité. Les établissemens de Saint Louis, les Loix de ses Successeurs, ayant établi une jurisprudence en France, des Nobles qui n'avoient pas étudié ces Loix, ne pouvoient pas en devenir les interprètes. Il fallut appeller à l'étude des Loix, des Gens qui se dévouassent à la carrière de la Magistrature. Bientôt, ceux qui ne connoissoient pas les Loix, cédèrent le Temple de la Justice aux Magistrats. Cela devoit être : et il falloit que cela fût ; car, de tous les abus, le plus effrayant seroit un ordre de choses où les citoyens soumis, dans toutes leurs transactions civiles, à des Loix écrites ou à des Coutumes particulières, tenant lieu de Loix, seroient jugés par des Gens qui ne connoîtroient pas ces Loix, et qui ne voudroient pas se dévouer à les connoître.

N'ayant pas les Procès - Verbaux des Etats-Généraux du quatorzième siècle, nous ne pouvons fixer à quelle époque précise les Etats-Généraux adoptèrent l'institution des Parlemens. Mais nous avons la preuve éclatante, que bientôt ils les ont adoptés, en les chargeant de l'exécution d'une partie des volontés nationales, et de la conservation de nos Loix. Or, un pareil mandat, de la part des Etats-Généraux, suffiroit pour rendre un Corps de Magistrature inhérant à la Constitution même, jusqu'à ce que le dépôt de l'autorité, qui lui fut confié par les Etats-Généraux, lui soit ôté de la même manière qu'il l'a reçu : à plus forte raison, si chacun de nos Etats - Généraux a ajouté à ces premiers mandats, de nouvelles obligations, ou rappellé l'étendue des premières.

Or, nous voyons par les Ordonnances du Roi Jean, rendues à la demande des Etats-Généraux, en 1355, que ces Etats ont décrété, *que toute justice soit désormais laissée aux Parlemens.* En 1483, le Procès - Verbal de Masselin nous apprend que les Etats-Généraux prescrivirent, de la manière la plus expresse, la mieux raisonnée, l'inamovibilité des charges de Magistrature. En 1576, les Etats-Généraux résolurent, avec la permission du Roi, d'envoyer à Henri IV, alors Roi de Navarre, des Députés des trois Ordres, pour lui porter des propositions de paix, et lui exposer les droits de la Nation réunie en Etats-Généraux. Ces instructions rédigées par les trois Ordres sont, sans doute, le Code même de la Constitution reconnue par les Etats-Généraux. C'est-là que tous les Ordres s'expriment ainsi : « Il y a cette différence entre les Loix du » Roi, et les Loix du Royaume, que celles-ci » ne peuvent être faites qu'en générale As- » semblée de tout le Royaume, avec le » commun accord des Gens des trois Etats. » Aussi ne peuvent-elles être changées ni in- » novées, qu'avec l'accord et consentement » des trois Etats ». Ils ajoutent ensuite : « Il » faut que tous les Edits soient vérifiés et » contrôlés, ès Cours des Parlemens, devant » qu'ils obligent d'y obéir ; lesquelles, com- » bien qu'elles ne soient qu'une forme des » trois Etats raccourcis au petit pied, ont » pouvoir de suspendre et modifier lesdits » Edits ». En 1588, les Etats-généraux se plaignirent en ces termes, de la forme inu- sitée des enrégistremens forcés : « Plusieurs » Edits ont été vérifiés et enrégistrés, avec » cette close : *du très-exprès commande-* » *ment du Roi.* Aux Edits justes, les com- » mandemens ne sont jamais nécessaires ». Enfin nos derniers Etats-généraux de 1614,

qui

qui sont pour nous les derniers organes de la Constitution, disent : « Les Loix du » Royaume ne tiennent pour parfait, aucun » établissement public, et qui a trait à l'ave- » nir, sinon après avoir été autorisé par » la vérification des Parlemens ».

Tels sont les liens indissolubles qui unissent les Parlemens à la Constitution, et qui ne peuvent être brisés que par les Etats-généraux et la *libre* sanction du Roi. Les Parlemens ont fait de grandes fautes, j'en conviens ; tous les Ordres de l'Etat en ont fait aussi ; mais les Parlemens ont rendu les plus grands services. Ils ont conservé, dans son intégrité, le dépôt de nos Loix ; ils ont sans cesse rappellé l'existence de la Constitution ; ils ont conservé la Couronne à la Maison de Bourbon ; ils ont cassé les prétendus Etats-généraux de 1593, qui avoient osé détrôner Henri IV (1).

C'est donc aux Etats-généraux légalement

____

(1) Le Parlement de Paris, par son arrêt du 30 Mai 1594, « révoque, casse, déclare nulles toutes les réso- » lutions des Députés des Provinces, assemblés à Paris, » sous le nom d'Etats-Généraux, comme faites par des » particuliers sans autorité ». On n'a pas besoin que je fasse observer que des Députés infidèles à leurs mandats, ne sont jamais que des particuliers sans autorité.

D

Assemblés, et délibérant constitutionnellement, à examiner l'utilité des Parlemens.
Mais jusqu'à cette époque, ils ne peuvent
être détruits que par un acte de tyrannie,
que par la violation la plus criminelle de
la Constitution ; et l'effroi des Conjurés qui
ont détruit la Constitution en 1789, prouve
plus évidemment la nécessité de leur existence, que je ne pourrois le faire par un
volume d'autres preuves.

De même que les Parlemens actuels ont
succédé, du consentement de la Nation,
aux Parlemens illégaux de la troisième Race,
de même les Pairs actuels ont succédé aux
possesseurs des grands fiefs, de la troisième
Race. Mais l'existence des Pairs actuels,
n'en est pas moins une dignité légale, une
grande distinction, un honneur éminent
que le Roi accorde, et que seul il a le
droit d'accorder. La confusion des prétentions a amené, sur cette haute dignité, la
confusion des principes. Lorsque les Pairs
n'ont su ce qu'ils vouloient être, on n'a su
ce que l'on devoit redouter de leur part.
Les Pairs de la troisième Race, qui étoient
les égaux de Hugues-Capet, s'éteignant,
leurs grands fiefs furent réunis à la Couronne, et cette grande usurpation s'anéan-

tit à l'instant qu'elle perdit sa puissance. Le souvenir de ces grandes dignités, se perpétuant encore, lorsque leur pouvoir n'existoit plus, les Rois profitèrent du grand relief que l'opinion accordoit à ce souvenir, et firent de la Pairie, une Dignité et une Magistrature éminente. Les Rois créèrent des Ducs-et-Pairs ; c'est-à-dire, ils accordèrent à leurs sujets, un grand titre d'honneur, et unirent, à ce titre, une Magistrature qui donne à celui qui en est revêtu, le droit de siéger avec nos Magistrats, dans tous les Parlemens du Royaume. Les Rois élevèrent à cette dignité, ceux qu'ils en crurent dignes ; et cela doit être ; le Roi étant, dans notre Constitution, le suprême et unique dispensateur des graces. Mais en créant des Ducs-Pairs, les Rois ne prétendirent jamais donner des Chefs à l'Ordre de la Noblesse. Ils n'en ont pas le pouvoir. Les Chefs de l'Ordre de la Noblesse sont désignés par la Loi de l'Etat. Le Roi seul est le Chef suprême de la Noblesse. Elle n'apperçoit après lui, dans son Ordre, que des hommes plus illustres les uns que les autres ; mais tous constitutionnellement égaux en leur qualité de Membres d'un Corps politique ; tous égaux dans l'exercice des droits qui leur sont confiés par la Constitution, ne reconnoissant pour Chefs, lorsqu'ils sont légalement réunis pour agir comme partie intégrante de la Constitution, et délibérer sur les Loix politiques de l'Etat, que ceux qu'ils se sont eux-mêmes choisis pour les présider. Ainsi les Ducs et Pairs, n'ont su ce qu'ils vouloient, lorsqu'ils se sont prétendus les Chefs d'un Ordre où ils ne sont que des individus ; et la Noblesse seroit injuste, si elle refusoit de reconnoître dans leur qualité de Ducs et Pairs, les distinctions honorifiques qu'il a plû au Roi de leur accorder, et la Magistrature dont il les a revêtus.

J'ai enfin terminé une tâche pénible. J'ai suivi, à travers la succession de tant de siécles, l'existence de la Constitution Française, et je l'ai retrouvée dans tous les âges de la Monarchie, toujours la même dans ses formes constitutionnelles, et ne faisant succéder de nouvelles institutions aux anciennes, qu'en vertu de cette même Constitution, dont la sagesse se plioit aux changemens, mais en prescrivoit le mode.

On pourroit dire davantage ; et dix volumes n'épuiseroient pas ce grand et vaste sujet, dans toute son étendue. Les preuves se multiplient avec les faits ; et si quelques contradictions paroissent affoiblir ce bel ensemble , avec un peu d'attention , les preuves s'accumulent pour démontrer , ou l'illégalité de ce qu'on veut nous faire regarder comme un supplément à la Constitution , ou les raisons et les moyens légaux qui ont établi l'exception dont on s'appuye. Ce seroit , sans doute , le plus bel ouvrage sorti de la main d'un Français , que celui qui appellant les témoignages de notre Histoire , et les plaçant à côté des Loix , de la raison et de la sagesse , prouveroit que nos Etats-généraux ont fait, dans chaque siècle, tout le bien qu'ils ont pu y faire ; qu'ils ne pouvoient aller au-delà sans imprudence : et on prouveroit cette grande vérité , en rappellant les obstacles qui les environnoient , et l'esprit du siècle où ils opérèrent.

Ce grand ouvrage , bien au-dessus de mes forces et de mes talens , ne sera pas au-dessus de mon zèle , si le Ciel rend à ma Patrie , le Roi qu'il lui a donné ; à ce Roi, la Nation fidèle qui doit lui être soumise ; et à cette Nation , l'excellente Constitution qu'elle reçut de ses Aïeux. Maintenant il faut agir. Le moment qui doit décider de notre existence , est arrivé. Néanmoins cet examen rapide des

principaux faits de notre Histoire, étoit nécessaire pour prouver :

Que la Nation Française a toujours eu
une Constitution ; que cette Constitution fut
toujours formée par une séparation politique
des différens Ordres de Citoyens ; que l'Ordre
du Clergé, depuis l'établissement de la Religion Catholique en France, fut toujours le
premier Ordre de l'Etat, et à ce titre, une
des parties intégrantes de la Constitution ;
que les droits politiques de l'Ordre de la
Noblesse, n'ont jamais été attachés à la
possession des fiefs, mais à l'ensemble, à
l'universalité de cet Ordre ; que s'il est
vrai que les possesseurs des grands fiefs,
dominèrent la Nation, ce fut dans de tems
de tyrannie ; que cette tyrannie détruite,
la Noblesse a repris son influence politique,
attachée à sa qualité et non à ses possessions ;
que le Roi fut toujours une partie première
et intégrante de la Constitution ; qu'il réunit
à la plénitude du pouvoir exécutif, sans
dépendance et sans partage, le droit de concourir essentiellement à la formation de
toutes les Loix ; et qu'il n'y a jamais eu de
Loix fondamentales en France, que les Dé-
crets nationaux que le Roi avoit approuvés ;
que d'après des formes nationales, et émanées

de la Constitution, les Etats-généraux ont pu innover dans la forme de ces Assemblées, dans leur police, dans leur manière de concourir à la formation des Loix ; qu'ils l'ont pu et qu'ils l'ont fait ; qu'ainsi, réclamer une époque où la Constitution a été *légalement* modifiée, pour nous présenter une Constitution qui seroit autre que celle approuvée par les Etats-généraux de 1614, est une pétition de principe, et une innovation illégale ; qu'enfin il n'existe et ne peut exister en France, d'autre Constitution légale, que notre antique Constitution, telle que nous l'ont laissée les derniers Etats-généraux de 1614, qui seuls, jusqu'à ce jour, ont eu le droit de l'examiner, de la modifier, ou de la changer ; que, quoiqu'on fasse, il n'en existera jamais d'autre, jusqu'à ce que de nouveaux Etats-généraux, *légalement convoqués*, et délibérant suivant les formes constitutionnelles, aient, de concert avec le Roi, abrogé ces formes, et changé la Constitution.

J'ai prouvé aussi, par cet examen, que les Parlemens de Pairs, du commencement de la troisième Race, étoient un repaire d'usurpateurs ; et ces prétendus *Pairs*, des tyrans du Roi et de tous les Ordres de la Nation ; qu'ils dominèrent violemment la Constitution mais qu'ils ne reçurent d'elle, aucune existence.

Enfin j'ai prouvé que nos Parlemens actuels forment une Magistrature nationale, inhérente à la Constitution même ; et que l'on ne peut les détruire que par l'organe légal de cette même Nation qui les a attachés à sa Constitution.

Vainement multiplieroit-on les obstacles pour empêcher le retour aux vrais principes. La vérité est une, et il n'y a pas deux routes pour arriver au Temple des Loix. M. de Montlosier apperçoit *une folie*, dans cette obstination à vouloir rétablir tout ce qui existoit de constitutionnel avant 1789. Si c'est *une folie*, elle est au moins bien complette de ma part, car elle s'offre à moi, sous tous les traits de la raison ; et la réflexion ne fait qu'affermir, en moi, cette salutaire opiniâtreté. L'égarement du Peuple, ses fureurs, tous les crimes des Conjurés, ont-ils pu dénaturer nos Loix ? Les violer avec impunité, n'est pas les anéantir. Qu'on juge, aux terreurs des coupables, s'ils ont eux-mêmes la conscience de les avoir détruites !.. (1).

____

(1) Croit-on, de bonne-foi, que les Régicides du 6

Je le répète : la Constitution qui existoit en 1614, est la seule légale, la seule nationale. Il faudra y revenir ; et on y reviendra.

Lorsque Cromwel détruisit la Constitution anglaise ; lorsque seul il prit la place des Loix, on devoit croire la Constitution anglaise anéantie, avec bien plus de raison assurément, qu'on ne croit à l'anéantissement de la Constitution française ; car Cromwel étoit un puissant génie. En détruisant la Constitution de sa Patrie, il y faisoit régner l'ordre qu'il y avoit établi. Il rendoit sa Nation formidable au-dehors, en l'asservissant au-dedans. Ses trésors étoient remplis ; et il commandoit aux meilleures Armées de l'Europe. Qui n'eût cru la Constitution anglaise détruite ? Le peuple avoit

____

Octobre 1789, croyent nos Loix criminelles, anéanties ? Croit-on que ces Factieux, dont l'Europe entière connoît les complots, se persuadent la possibilité d'une amnistie ? Ce sont eux qui ont juré la destruction des Parlemens, parce qu'ils savent que, le jour où le Temple de la Justice recevra ses légitimes ministres, l'ordre sera aussitôt rétabli dans toutes les parties du Royaume ; et il faut, alors, de ces deux choses l'une : ou que la Magistrature entière devienne plus coupable qu'eux, s'ils restent impunis ; ou que les attentats du 6 Octobre soient expiés, et que cette effroyable conjuration soit connue dans tous ses détails.

anéanti la Chambre des Pairs. Après la mort du tyran, mille factions déchirèrent aussitôt l'Empire. Le fléau des projets le gangrènoit de toutes parts. Chacun vouloit donner à sa Patrie la Constitution qu'il avoit imaginée. Au milieu de cette affreuse anarchie, il fallut enfin revenir à l'antique Constitution et aux antiques Loix. La Chambre des Pairs rentra paisiblement en possession de tous ses droits politiques (1).

Voilà comment une Constitution légale triomphe des Ambitieux et des Tyrans.

On voudroit qu'un Ordre de Citoyens, influant dans l'Etat, eût en lui-même une force physique, capable d'affermir et de défendre

______

(1) C'est ainsi que doit s'opérer une Contre-révolution, en écartant tout ce qui est étranger à l'antique Constitution, tout ce qui s'est fait sous le règne du crime, et en replaçant tous les Citoyens où ils étoient, avant les attentats qui ont détruit l'ordre public ; car il faut, ou revenir à la Loi qui existoit avant le règne des Factieux, ou, en créant une autre Constitution illégale, commettre un nouveau crime. Ce n'est point au Roi, j'en conviens, à rendre à chaque Français son état et sa propriété ; mais c'est au Roi, aux Princes ses frères, et à tous les Rois nos Alliés, à détruire les Tyrans qui tiennent en France la place des Loix. L'obstacle ôté, chacun doit aussitôt reprendre sa place. Voilà ce que c'est qu'une Contre-révolution.

son influence. Mais cela n'a existé nulle part. C'est à la force publique, c'est au Roi, à maintenir de toute cette force l'existence de chaque partie intégrante de la Constitution ; et si le Roi ne les peut maintenir, espère-t-on y suppléer par une Constitution illégale? Quoi! pour maintenir aujourd'hui l'influence politique de l'Ordre de la Noblesse, il faut une Chambre de Pairs? Mais où donc seroit la force physique de la Chambre des Pairs? Et comment 300 individus qui auront, par leur seule existence politique, avili et anéanti l'Ordre de la Noblesse, auront-ils pour se maintenir, une force que l'Ordre entier de la Noblesse n'a pas eue ? Cela est inconcevable.

Je sais bien que l'on prétend que la Noblesse ne sera point anéantie par la Chambre des Pairs ; qu'en perdant toute son influence politique dans la Constitution, elle conservera quelques distinctions honorifiques ; que les Nobles seront honorablement placés dans les Eglises ; qu'ils seront admis de préférence dans l'Etat Militaire ; qu'enfin ils seront jugés par la Chambre des Pairs. Je doute fort qu'ils se soucient jamais de retrouver leurs Juges dans une pareille Chambre, revêtue des droits qu'elle leur aura ravis ; et l'on peut présumer qu'ils la jugeront, avant d'en être jugés. Quant aux autres distinctions, la Chambre des Pairs les leur raviroit bientôt ; mais il est à croire, que la Noblesse auroit la saine politique d'y renoncer. La seule marche de la Noblesse, si jamais une Chambre des Pairs envahissoit l'autorité des Etats-généraux, seroit de ne tenir en rien à cet Ordre nouveau et illégal ; de s'unir à tous les Citoyens, pour se ressaisir avec eux de l'antique Constitution nationale. Dans un ordre de choses tyranniques, la Noblesse doit vouloir subir, avec le peuple, la confusion de tous les principes monarchiques, pour se trouver à portée de mettre plutôt un frein à ces nouvelles institutions.

On s'étonne de la résistence invincible qu'oppose chaque Citoyen aux idées d'un individu, sur une nouvelle forme de Constitution. Quand cette résistance va jusqu'à calomnier les intentions, elle est un tort ; mais quand elle ne va que jusqu'à la résistance la plus obstinée, elle produit un grand bien, par un effet fort naturel.

Deux causes produisent l'anarchie politique : l'absence des Loix, et la multitude des Législateurs.

L'absence des Loix laisse à chacun ses fantaisies pour Loi. La multitude des Législateurs fait pis ; elle humilie les individus, en voulant les soumettre à la fantaisie d'autrui ; et lorsque plusieurs particuliers veulent donner des Loix, personne ne veut obéir. C'est tout simple.

Le génie transcendant qui s'élève jusqu'aux Cieux, pour fixer ses pensées sur les passions humaines, qu'il étudie et connoît sans les éprouver ; ce génie supérieur, qui, forcé de laisser des passions aux hommes, se sert de ces passions pour enchaîner le vice, et maintenir sur la Terre le bonheur et la paix, ne porte aucun caractère frappant qui constate sa mission ; et comme ses preuves ne résident que dans sa doctrine, on l'examine, et on ne les y trouve pas ; parce que chacun a sa dose d'amour-propre ; et qu'en fait de Constitution politique, chacun, à part-soi, se sent le désir de dominer, qu'il prend aisément pour la vocation du Législateur. De-là naît la résistance que tous opposent aux particuliers qui présentent une Constitution. Personne ne veut reconnoître leur mission ; et chacun présente son roman constitutionnel, en opposition à celui de ses adversaires. Les Constitutions se multiplient avec les débats ; et, semblables aux sables du désert, et par leur multiplicité, et par leur incohérence, si elles s'élèvent avec facilité, la plus légère contradiction les fait aussi-tôt disparoître.

Sans doute, il a existé dans l'Univers quelques individus, Législateurs d'un Peuple entier ; mais en quels tems ? Dans quelles circonstances ? Et avec quel art, ces Pères des Nations ont fait disparoître l'homme, pour ne montrer en eux que l'Envoyé des Dieux ! Dans les tems où un seul homme donnoit à son Pays ses conceptions pour des Loix, la Religion régnoit avec empire ; et ces grands hommes, attribuant aux Dieux les élans de leur génie, les décorèrent de leur propre sagesse ; et pour commander aux hommes, ils voulurent paroître les organes de la Divinité.

Dans ce siècle, les Chrétiens savent que les révélations célestes ont completté tout ce que le Ciel devoit apprendre aux hommes ; et la nouvelle Philosophie, en prêchant l'Athéïsme, a détruit elle-même le moyen d'en imposer au Peuple. Ainsi, dans l'Europe moderne, il faut renoncer à l'idée flatteuse de voir s'anéantir, par le seul effet de la parole, les antiques idées, les antiques Loix, pour récréer ensuite, par ses seules conceptions, un nouvel Univers.

C'est lorsque l'anarchie des innovations a dissout tous les liens politiques, que l'on sent la profonde sagesse de ce respect religieux de tous les Peuples, pour leurs antiques usages, leurs antiques Loix, leurs antiques Constitutions. Le résultat de l'expérience de nos Pères est le trésor de tous les Citoyens ; et n'est particulièrement celui d'aucun individu. La Constitution qu'ils nous ont laissée, est l'héritage de tous ; et une Nation, à cet égard, est une même famille, réclamant sa part dans l'héritage de ses Aïeux. La vénération pour l'antiquité n'est donc pas un sentiment aveugle ; elle est fondée sur les raisons les plus invincibles. Une Constitution nationale, qui a traversé quatorze siècles, s'est accrue dans ce long intervalle, de tous les changemens que l'expérience a dû y ajouter ; et comme ses rameaux tenoient tous à un même tronc, le caractère national de cette Constitution ne s'est point altéré. Elle porte en elle tous les moyens de s'améliorer encore par des formes légales ; et ces formes elles - mêmes sont les remparts qui doivent éloigner les ambitieux, les usurpateurs et les tyrans. Nous faire appercevoir des imperfections dans notre Constitution, c'est s'imposer un travail louable, mais un travail fort aisé ; car il y a plusieurs imperfections, et rien n'est plus facile que de les observer.

Nos Pères eurent la sagesse de ne vouloir pas tout faire. C'est qu'ils vouloient bien faire ; qu'ils ont toujours marché à côté de l'opinion de leur siècle, en nous laissant, dans nos formes constitutionnelles, les moyens d'aller plus loin qu'ils n'ont été, en nous préservant cependant, par ces formes mêmes, du danger des innovations.

Je conviens que ceux qui veulent détruire nos Etats-Généraux, et établir en France le Despotisme, si tant est qu'il existe de pareils hommes, sont aussi insensés que criminels ; M. de Montlosier l'a fort bien prouvé. Mais rien n'est plus opposé au Despotisme, que le rétablissement de notre Constitution ; et ceux qui veulent mourir ou rétablir cette antique Constitution, sont les vrais Martyrs des Loix et de la Liberté.

Je le répète : on ne dit pas qu'il n'y ait point d'imperfections dans nos Loix ; mais on dit qne, si chaque Citoyen a le droit de les observer, aucun n'a le droit de les réformer ; que, si le Roi osoit seul l'entreprendre, le Roi exerceroit un acte tyrannique ; que ces imperfections ne peuvent être légalement réformées que par les Etats-Généraux du Royaume, avec la *libre* sanction du Roi, et suivant toutes les formes légales et antiques qu'ont observé les derniers Etats-Généraux de 1614.

Croit-on nous vaincre, en nous représentant l'état actuel de la Nation, et l'impossibilité sibilté des Etats-Généraux? Mais, qui donc nie cette impossibilité? Si le Roi, en pleine liberté, convoquoit, en cet instant, les Etats-Généraux, le Roi trahiroit tous ses devoirs, violeroit ses sermens, et commettroit, envers son Peuple, la plus grande des offenses. Le Roi, suivant notre Constitution, a la plénitude du pouvoir exécutif, sans partage ni dépendance; et toute la force publique ne repose en ses mains, que pour faire régner dans l'Empire la paix et les Loix. Or, la première de toutes les Loix, est que, dans les convocations d'Etats-Généraux, la liberté soit pleine et entière; que chaque Ordre jouisse, sans aucun obstacle, de la plénitude de ses droits politiques; soit dans les Assemblées électives, soit dans les Etats-Généraux. La force publique pouvant seule assurer l'Empire des Loix, c'est au Roi et au Roi seul, à assurer préalablement à tous l'existence et l'effet de la force publique; et comme le droit de convoquer les Etats-Généraux est une des prérogatives éminentes du Trône, c'est au Roi à assurer tous les moyens de faire respecter la Constitution; alors, et alors seulement, il peut convoquer les Etats - Généraux. Les convoquer en ce moment, seroit servir les Factieux, réunir leurs victimes, assurer sa ruine et la nôtre.

Mais d'ailleurs, obéir au roi, en l'état où

E

il est prisonnier entre les mains de nos Tyrans, seroit un crime de lèze-Majesté. En ce moment, la personne du Roi est captive à Paris ; mais l'exercice des droits du Roi se déploie là où sont, en liberté, les plus proches héritiers du Trône. En quelque lieu qu'ils soient, ce sera toujours là que, tant que durera la prison du Roi, résidera son autorité légale. Ainsi, en cette occurrence, le premier soin du Roi ou des Princes qui, en son nom, exercent les fonctions de la Royauté, doit être, avant tout, de ramener l'Empire des Loix, et d'armer le bras de la Justice, de son glaive, avant de réunir les Représentans de la Nation aux pieds du Trône.

Tel doit être, et tel est à présent le premier devoir du Roi, ou de ceux que la Loi fondamentale de l'Etat a chargés de le suppléer, lorsqu'il est captif. Ainsi les Princes, ses frères, agissent suivant la Constitution même ; et ils en violeroient tous les principes, s'ils n'exerçoient pas tous les droits du Roi, pour lui procurer sa liberté, et lui donner les moyens de remettre chaque partie intégrante de son Empire, à la même place qu'elle occupoit avant le règne des Factieux (1).

---

(1) La postérité s'étonnera, sans doute, que, dans la position où s'est trouvé le Roi, après son arrestation à Varennes, *Monsieur* n'ait pas, à l'instant, pris le titre de

Lorsque les Princes , frères du Roi , invoquent l'assistence de tous les Rois de l'Europe, ils agissent dans l'esprit de la Constitution Si leur objet étoit d'établir , par ce moyen , une nouvelle Constitution dans leur Patrie , alors eux-mêmes deviendroient aussi criminels

---

Régent de France, qui lui est donné par la Loi ; d'autant que ce titre n'est pas seulement une prérogative , mais il est l'expression d'un devoir de la part du Prince envers la Nation. Je sais bien que le titre n'ajoute rien au droit réel ; et que , pour tout Français fidèle , la Loi de l'Etat a parlé , et lui a montré en quelles mains résidoient les droits du Trône , pendant la captivité du Monarque. Mais enfin , comme , pour tant de gens , le titre seul annonce le droit , on pourroit avec raison s'affliger que *Monsieur* n'ait pas revendiqué , pour le salut de tous , le titre que les Loix du Royaume lui ordonnent de prendre , à l'instant que le Roi est captif. Il n'y a pas de secret pour la postérité : et un jour , sans doute , la conduite des Princes leur méritera , de sa part , autant d'amour que de respect. On saura alors , comment la tendresse pour le Monarque le plus infortuné a suspendu l'exercice de leurs droits. On saura que des *êtres vils* , *d'ambitieux calomniateurs* , ennemis de la France , voulant sa ruine et sa honte , ont osé accuser les Princes , de vouloir se prévaloir du malheur de leur Roi , pour s'investir de sa puissance. On saura qu'il est des cœurs magnanimes que l'infortune et la mort n'effrayent pas ; mais qui ne peuvent résister à une calomnie si atroce , si infâme ; et qui préfèrent de ne pas exercer la plénitude de leurs droits , pour donner encore à leur Roi , de nouvelles preuves de respect et d'amour.

E 2

que les Factieux qu'ils doivent punir ; mais leur volonté étant de rétablir l'antique Constitution de la Monarchie, ils ne prennent les armes que, *pour que force reste à justice.* La force seule ne constitue aucun droit. Elle n'est à sa place, que lorsqu'elle soutient la Loi. La force est un accessoire nécessaire ; mais la Loi est le principal ; et par-tout où la force seule dicte la Loi, il arrive ce qui est arrivé en France, où l'on voit s'établir l'empire des Brigands et des Conspirateurs. L'assistance des Rois de l'Europe ne peut avoir pour objet, que de nous rendre notre antique Constitution. Leur intérêt, en cela, est d'accord avec leur justice, et c'est en le prouvant que je terminerai cet Ecrit.

Aucun des Rois de l'Europe n'a le droit de donner à la France, une nouvelle Constitution ; d'y protéger tel ou tel parti qui voudroit modifier notre Constitution.

D'où leur viendroit le droit de donner une Constitution à une Nation sur laquelle ils n'ont aucune autorité légale ? Ce droit, dans l'état de foiblesse où nous sommes, ne seroit autre que le droit de conquête. Mais le droit de conquête détruit toutes les Constitutions et n'en établit aucune. La soumission, dès-lors, est imposée par la prudence, tant qu'on est le plus foible ; mais la nécessité de travailler toute sa vie, à rétablir l'ancienne Constitution de son Pays, est alors l'unique et dernier devoir d'un Citoyen.

Les Puissances qui n'ont pas le droit de nous donner une Constitution, n'ont pas celui de modifier celle que nous avons. Pour la modifier, il faudroit traiter avec les trois Ordres de la Nation, qui, *seuls*, ont qualité pour transiger. Traiter avec les Factieux, seroit déshonorer gratuitement tous les Rois de l'Europe, et frapper d'ignominie et de nullité, leur ouvrage. Le défaut de pouvoir des parties contractantes, seroit si évident, que, dès-lors, leur transaction seroit regardée comme le Code de l'opprobre et de la tyrannie.

C'est une objection à laquelle tous les Prôneurs d'accommodemens quelconques n'ont jamais pu répondre, que ce raisonnement si simple: *pour transiger sur notre Constitution, il faut une autorité légitime, qui stipule et convienne. Où est-elle? Comment la suppléerez-vous? Et si vous ne la suppléez que par la force, de quel droit blâmez-vous l'Assemblée des Conjurés de 1789, et celle de 1791, qui règnent en France au même titre, et en vertu du même droit?*

Si les Puissances n'ont pas le droit de donner une Constitution à la France, elles n'ont pas celui d'opérer le moindre changement dans notre Constitution ; et le Roi lui-même ne peut pas, en usurpant la place des Etats-généraux, consentir à aucun changement dans la Constitution nationale que nous ont laissé les Etats-généraux de 1614.

Mais lorsque les Souverains de l'Europe accordent leur assistance aux Frères du Roi, pour faire cesser la captivité de notre Monarque, détruire les Factieux, et rendre à la France son antique Constitution, alors ils donnent à la force de leurs armes, la direction que commande la justice ; et j'ajoute, celle que prescrit leur intérêt.

On ne peut, ni on ne doit se le dissimuler. Tous les Rois de l'Europe sont chargés du plus effrayant fardeau qu'ils ayent jamais eu à soutenir. Sans leur inquiète et sévère vigilance, l'Europe est ménacée de tomber dans une anarchie, pire mille fois que la barbarie : car la barbarie n'est que l'absence des Loix et des vertus ; et l'anarchie actuelle qui menace d'envahir l'Europe, est la corruption de tous les principes, la haine de toutes les vertus, la volonté de commettre tous les crimes, le desir d'amener l'époque de leur impunité ; car la conscience de tout

Philosophe de ce siècle, ne connoît de frein reprimant, que la hache du Bourreau.

La Philosophie du dix-huitième siècle a établi son empire sur deux bases : l'Egoïsme et l'Athéïsme. Ainsi elle détruit la conscience, et excite à la fois toutes les passions. Dans un tel ordre de choses, le mépris de la Religion, des Loix, des Usages, est une conséquence des principes ; et son résultat, la volonté dans chaque ambitieux, d'innover, de détruire, de faire succéder ses idées à la sagesse des siècles. La vigilance des Rois peut-elle garantir leurs Etats, de cette peste morale ? J'en doute ; tous les Empires sont plus ou moins atteints. C'est une crise qu'il faut franchir ; pour la franchir sans péril, il n'existe d'autre moyen, que d'employer la force au maintien des antiques Constitutions, et uniquement à ce seul objet. Je ne dis pas qu'on doive proscrire tous les changemens ; mais je dis qu'on doit forcer à l'observation rigoureuse des antiques formes qui repoussent les innovateurs. Enfin, pour garantir l'Europe de la démence féroce de ce siècle, il faut assujettir les Peuples à se soumettre à la sagesse des Loix de l'Antiquité.

Les Rois sont, actuellement, après la Religion, les ennemis que la Philosophie veut détruire ; et il faut absolument, ou que les Philosophes détruisent les Trônes, ou que les Souverains détruisent la nouvelle Philosophie, ennemie de toute Religion et de toute Autorité légitime.

Les Rois resteront invincibles, en armant promptement leurs bras, pour le maintien des antiques Loix qui élevèrent leur Trône, pour réprimer toutes les innovations illégales, et punir les Factieux et les Innovateurs.

Telle est la grande et pénible tâche qui leur est confiée. Ils doivent préserver leurs Peuples, de cette frénésie morale qui dissout les Empires, par la corruption générale des principes et des opinions, et qui expose les Rois, à ne trouver bientôt dans leurs Peuples, qu'un assemblage effrayant d'hommes vils et criminels, qui s'honorent de leurs bassesses, et font trophée de leur infamie.